Αίλουρος

Дмитрий Брисенко

ИЗ ВСЕХ ОРУДИЙ

Ailuros Publishing
New York
2019

ISBN 978-1-938781-57-5

90000

9 781938 781575

Редактор Елена Сунцова.
В оформлении обложки использованы открытки начала XX века из коллекции редактора.

Подписано в печать 6 марта 2019 года.

Firing All the Guns
Poems by Dmitriy Brisenko
Ailuros Publishing, New York, USA
www.elenasuntsova.com

ISBN 978-1-938781-57-5

* * *

Поезд шел по снегу,
Рисовал каракули,
Шапка из каракуля
В кладовой лежит.

Где-то в Чебаркуле,
Ночью в карауле,
С головой простреленной
Генерал лежит.

А солдат украдкой
Любит деву вечную,
Девушку заплечную,
Сонечкой зовёт.

Генералу холодно,
Затекла конечность,
И в дурную вечность
Волчий вой зовёт.

* * *

Собака с ловким гибким телом
Шла к остановке между делом
И, повстречав в пути енота,
Его спросила тотчас: «Кто ты?»

Енот задумался, сбит с толку:
«Наверно, точно я не кот,
И вряд ли родственник я волку,
Скорее, всё наоборот!»

И он стоял на остановке
До у́тра следующего дня,
Собака ж вышла на Петровке
И тотчас встретила меня.

«Кто ты?» — меня она спросила.
«Хозяин твой, — я отвечал. —
Где эти дни тебя носило?
Ты отыскала место силы,
Исток начала всех начал?»

Собака думала недолго,
Поворотив башку ко мне,
Сказала: «Как поёт иво́лга —
В том знании очень мало толка».

И растворилась в синеве.

* * *

Теплокровный,
Дай мне кров свой тёплый,
В эту стужу февральскую,
Средь сугробов синеющих,
Под камланье собак,
Да под птичий грай
Еле-еле иду.

Хладнокровный,
Дай мне кров свой холодный,
В это жаркое лето,
Когда шарик мороженого,
Как свеча в феврале,
Истекает и тает,
Еле-еле иду.

Теплохладный,
Ты не холоден и не горяч,
Ты не друг и не враг, а так,
Извергну тебя из уст своих.
Только б февраль прошёл,
Только бы лето кончилось,
Инда ещё побредём.

Из всех орудий

Хотел сказать: здорово, Людка,
Гляжу: то лодка, а не Людка,
И вот уже я уплываю
По направлению к раю.
Хотел сказать я, то есть, к Рае,
К своей подружке из райкома,
Но врач орёт, какой, блин, рай,
Там кома!
И в комнате
Твоей из глины...
Лины?! Я вцепился в имя,
Как в круг спасательный...
...Ты будешь вечно заключён,
Продолжил он. Из Лины вышел,
В глину и уйдёшь.
Тут врач расправил крылья,
Сверкнул улыбкой и махнул рукой.
И тут же вне, внутри
И в межеумках
Из всех орудий
Громыхнул покой.

* * *

Так бывает, что в субботу или, может быть, в четверг
Из водопроводных кранов начинает сыпать снег,
Белый, чистый и холодный, он ложится на ладонь,
Мелкий, крупчатый, колючий, обжигает, как огонь.

В ванну радостно вбегает неизвестный человек,
Краны разом открывает, не разлепливая век,
Ждал он этого момента очень долго, целый год,
Чтобы враз случилось что-то — вопреки, наоборот.

И умывшись этим снегом, позабыв про все дела,
Он выходит из подъезда не таким, как был вчера,
Ему малоинтересно, что подумают врачи,
Он садится на скамейку и «Ура-ура!» кричит.

Он сидит, прозрачным светом озаряем изнутри,
А вокруг него летают расписные снегири,
А вокруг него сверкают плёнки мыльных пузырей,
И выходят носороги из распахнутых дверей.

В небе солнце, в небе звёзды, в небе полная луна,
И хоть есть у жизни кромка, но сегодня не видна,
И хоть нету в жизни смысла, но сейчас как будто есть,
И чудес на свете много, невозможно перечесть.

Колыбельная отца, вернувшегося ночью из гаража

Спи, моя радость, усни,
Спят приводные ремни,
Дремлет седой коленвал,
Сладко сопит распредвал,
Тихо стучат клапана,
Еле слышны тормоза,
Масляный картер сопит,
А в годы моей юности
Был такой президент Картер,
Типа Путина, только раньше него правил
И в другой стране, в США,
И только один срок.
Ещё у них у обоих дни рождения рядом, в октябре,
Значит, Весы по гороскопу,
Но я в гороскопы не верю,
А ты, небось, веришь,
Хотя ты слишком мал ещё,
Чтоб верить в гороскопы
И прочую чепуху.
Да ты и не слушаешь меня,
Уже и засыпаешь,
А мог бы послушать о том,
Что после Картера пришёл Рейган,
И он правил два срока,
И назвал нашу страну империей зла,
И в итоге её сокрушил,
Ну или она сама так упала.
А при Картере, возвращаясь к нему,
Уже Хомейни назвал США
Большим сатаной
Или великим дьяволом,
Представляешь, лидеры государств,
А ведут себя прям как ты,
Обзываются, кусаются, щиплются,
Обижаются,
Дети как есть.
А ты уже и заснул почти,
Все-таки политинформация — великая вещь,
Я всегда спал на уроках политинформации в школе,
Ничего важного я там точно не пропустил.

Ну ладно,
С чего я там начинал...
Спят приводные ремни,
В окнах мерцают огни,
Спи, моя радость, усни,
Усни, усни.

Нью-Йорк

Играли во дворе во что-то,
То ли в чижика, то ли в другое,
Подходит Вован, пошли, говорит,
К школе,
Покажу щас Нью-Йорк.
Пока шли, думал,
Почему Нью-Йорк,
Зачем Нью-Йорк,
Это вроде город какой-то
В Америке.
Там довольно страшно жить,
Уличная преступность,
Кражи со взломом,
Наркотики и убийства,
И страшная борьба без правил
Под названием «реслинг».
Не то дело у нас,
В тихом маленьком
Южноуральске,
Максимум, что может случиться,
Это драка район на район,
Экрановские против ресторановских,
Экрановские это от кинотеатра «Экран»,
А ресторановские
По имени единственного в городе
Ресторана,
Кажется, он так и назывался,
Не «Арагви», не «Юбилейный»,
Просто ресторан.
Еще были парни со Свечки,
Свечка — это вечный огонь,
Недавно какой-то парень погиб,
В драке нарвался на нож,
Лезвие вошло снизу вверх
И достало до сердца.
И теперь на асфальте цветы,
Аккурат напротив кинотеатра
«Экран».
Но всё равно всё не так,
Как в Нью-Йорке,

Не так безысходно и страшно.
Но при чём тут Нью-Йорк,
Вова, конечно, был странный пацан,
Думал об этом, но шел покорно,
Вова был старший
Товарищ по играм
И знал что почём.
Дошли до кустов,
Что под стенами школы,
А там, в самой гуще
Лежали страшные, без голов,
Без кожи и лап
Красные туши собак,
Две крупные туши.
Какой-то садист
Отрубил им головы,
Лапы по колено,
Позже кто-то сказал,
Что из них таким образом
Сделали шапки,
А туши просто подбросили
В эти кусты
Возле здания школы.
Как будто нельзя было
Места другого найти,
Стоял и смотрел,
Не в силах отвести от них взгляда,
А Вовка, дурак, идиот,
Стоял и бубнил,
Это Нью-Йорк,
Это Нью-Йорк,
Вот такое оно,
Это Нью-Йорк,
Нью-Йорк,
Кретин.
То ли правда дебил,
Как про него говорили,
То ли съехал с катушек,
Когда нашел эти туши,
То ли юмор такой необычный,
Специфичное воображение.
Потом еще долго

Вспоминал эти страшные туши
При слове Нью-Йорк,
Произнесённом диктором,
Прочитанном в книге
Или услышанном
От друзей,
Перед глазами сразу вставали
Туши бедных собак.
Нью-Йорк,
Нью-Йорк,
Гудбай Америка, о.
А Вовка, кретин, идиот,
Не пришёл в третий класс,
Тем же летом,
Купаясь в реке,
Утонул.

* * *

Аббас говорит коллеге
Владимиру из Костромы:
Смотри, берёшься вот так...
И начинает шваброй тереть,
Что аж сыпятся искры
И тлеть начинают
Опилки.
Владимир не обижается,
Он знает, Аббаса сослали
За какой-то мелкий проступок
Сюда, в подземелье, в Москву.
И здесь он полы натирает,
Как и все они,
Только немного лучше.
В чем же его секрет,
Секрет его мастерства?
Простой натиратель полов,
Поедатель лапши доширак,
Скромный такой казах,
Из тысячи предложений —
Уборщика, мойщика окон,
Разнорабочего, грузчика —
Он выбрал одно по душе.
Он знает, однажды ночью
В квартире, где он и коллеги
Живут человек по двадцать,
Зазвонит телефонный звонок.
Далёкий знакомый голос
Скажет: давай приезжай,
Порвём всех на кубке Акима,
Ведь скоро чемпионат,
Надеюсь, ты не забыл?
Ну как же забыть такое,
Флаги, фанаты, трибуны
И этот скользящий камень,
И щётки, трущие лёд.
Когда-нибудь это случится,
Может, на той неделе,
А может быть, через годы,
Но этот момент наступит,

Придёт этот час, когда
Он будет прощён.
А пока по перрону стелется
Лёгкий, едва ощутимый,
Незаметный глазу дымок.
И прибывающий поезд
Развеивает его
Без остатка.

* * *

Ночное небо бороздят спутники,
Из дальнего космоса приходят сигналы,
С Марса шлют фотографии,
Мол, посмотрите,
Какая тут красота,
Моря, сады,
Видите?
Давайте уж все
Сюда к нам,
Скорее.

Далеко внизу
У костров греются люди.
Кто-то ест тушёнку,
Кто-то штопает носок,
Кто-то прислонился спиной
К другому
И вместе дремлют.
На звёзды давно никто не смотрит,
Разве только местный шаман,
Если надо предсказать погоду.

Межпланетные корабли
Мчат всё дальше,
Телескопы
Делают невероятные снимки,
Эй, смотрите, там, на Земле,
Скоро мы достигнем предела
И, может быть, вернёмся обратно.
А вдруг найдём
Среди чёрной материи
И туманных спиралей
Новый разум?
Кто знает,
Кто знает...

Трудно добывать еду,
Ещё труднее представить,
Как работает, например,
Двигатель внутреннего сгорания,

Всё забыто,
Потерялось
В атомных вспышках.
Только ржавые листы железа
С сорванных крыш,
На них греют тушёнку.

Радость в простых вещах:
В хорошей погоде,
Во взошедших колосьях,
В отбитой атаке
Отоспавшихся,
Отогревшихся
Динозавров.

Вон что-то сверкнуло в небе,
Наверное, это ангел,
Лёг на крыло,
Их тут много
С недавних пор.
А что до спутника,
Про который рассказывал дядя Коля,
Так их нет, как известно.
Но кто знает,
Кто знает...

* * *

Однажды мудрая сова
Забыла, как звучат слова
Бозон, Кобзон и патефон,
Сортир и голова.

Схвативши в лапу телефон,
Она устроила трезвон,
И долго слышался в лесу
Тот крик: уы, уа!

А ночью зверь пришёл к сове
И что-то сделал при луне,
Что даже старый бурундук
Зажмурился во сне.

Сову я больше не видал,
Потом нашёл в лесу кинжал,
Вонзил в себя и вот я здесь,
Мне рассказал мой друг.

Мой незнакомый новый друг,
Давай замкнём с тобою круг,
Как пел какой-то там говнарь,
Не щас он пел, а встарь.

Мол, замыкая, пел он, круг,
Мы обретаем смысл, слова,
Ах, как кружится голова,
Прощай, немытая сова,
Пока, нелепый бурундук,
И друг твой Учкудук.

С небес на нас с укором,
С уложенным пробором,
Пугая и смеша подруг,
Взирает Миша Круг.

* * *

Когда глотаю апероль,
То думаю: смерть — это боль,
Когда целую вас в запястье,
То знаю: жизнь, конечно, счастье,
И если важно моё мнение,
Судьба — немножечко забвение,
Движение от ума к причудам,
К первостатейной ерунде,
Я бы назвал всё это чудом,
Но борщ пойду варить к плите.

* * *

Идёт мужик, качается,
Вздыхает на ходу,
Ой, бычок кончается,
Даду, дада, даду.

* * *

Не такой я человек
Как вот вы, я silovik,
К сантиментам не привык,
Срежу надпись «они спят»
С ваших глаз, пущай глядят,
Как грибы из-под Рязани,
Там друзья-силовики,
Все грибы-боровики,
Не перешибить поленом,
Чай мешают с гексогеном.

* * *

После смерти ты мертвец,
Мне сказал один старе́ц,
После смерти наступает
Совершенный ай-яй-яй,
Снег ложится и не тает...

Баю-баю, засыпай,
Ох ты ж, горюшко ты горе,
Расскажу тебе true story,
Madness's like a mother sky,

Без привычки к укоризне
Ад не ад и рай не рай,
Отключай системы жизни,
На бок ляг и засыпай.

Снег ложился и не таял,
Кони шли, а бобик лаял,
Memory is a broken clock,
Так возьми хоть шерсти клок.

* * *

Когда Россию покинет последний болельщик,
И не будет больше ни судей, ни точных навесов,
В опустевшем поле, как гвоздём в ящик,
По воротам с точки пробьёт Станислав Черчесов.

Над горами Хорватии выпадет огненный дождь,
Неймар-младший покатится колобком,
По небесной сфере пробежит холодная дрожь,
И ударит колокол языком.

И букетом красным распустится роза ветров,
И отдаст в подкате Дзюба последнюю честь,
Антарктический лёд заполнит глубокий ров,
Холодна, как сталь, и остра будет наша месть.

* * *

Есть районы, где звёзд нет вообще, кроме как на бутылке
                                                   от коньяка,
Там кругом пелена из снега, а в груди комок мерзлоты,
Там в пролётах лестниц играют дети: кто в десантника,
                                                   кто в маньяка,
Там на всех с избытком крепкой пугающей простоты.

Жестяной флакон с карбидом вскипает, как огнемёт,
Старики прикрывают уши, вспоминая былую войну,
С бычьей крови давно уже никого не прёт,
Три семёрки укажут кратчайший хайвей ко дну.

А моим друзьям не дашь и шестнадцати лет на вид,
Но внутри у всех цифра где-то под тридцать пять,
Если кто-то где-то добудет модный прикид,
Кто-то где-то зайдет ножом с e2 на e5.

После школы закрутит метель, заскрипит колесо сансары,
Кто ругал мента, тот сам пойдёт в мусора,
Эта разность лежит в основе любой термопары,
Так легко проснуться ночью и так тяжело с утра.

Так бывает: сидишь в кровати посреди пустой тишины,
В голове искрится весёлый свалочный газ,
Это призрак былого идёт вдруг к тебе на вы,
Это грохнула крышка люка: в реальность открылся лаз.

И как будто не было всех этих долгих лет,
И как будто бежишь по снегу на ржавых тупых коньках,
Через год тут некого будет бить, как сказал когда-то поэт,
Над деревьями серый пепел и пепельно-серый прах.

Объявление в метро

Уважаемые граждане пассажиры,
По техническим причинам
На платформах станций мы проделали дыры,
Не пугайтесь — мы сдали метро дельфинам

В аренду на тысячу лет.
Видите эту иконку с большими рыбами:
Это новый проездной билет.

А дыры в полу — это люки.
Дельфины будут просовывать в них
Туловища и плавники
И демонстрировать прочие трюки.

Руководство метрополитена
Огорошено вашей малой платежеспособностью,
Не то дело дельфины, они обещали
Платить золотом: каждому по уму, каждому да по способностям.

Несметны богатства их.
С затопленных кораблей
Они поднимают на спинах
За раз до ста тысяч рублей.

Плюс, дельфины не оттаптывают ноги, не пихаются,
На лицах их не застыло выражение скорби и скуки,
Они не сидят развалясь, не ругаются,
Напротив, производят вполне пристойные звуки.

И на «Площади Революции»
Не теребят собаку за нос,
Думая, возможно, о реинкарнации,
И какой собака на это представит прогноз.

А ещё нас давно не прёт ваш внешний вид,
Он таков, как будто вам житья не стало от обид,
От разнообразной мелкой бытовой ерунды,
От отсутствия солнца, от зимней хандры.

Наблюдать ваши лица на мониторах — ещё то испытание,
Но, как гласит подземное предание, —
Поезд дальше не идет, просьба освободить вагоны.
Пока, ребята, было весело, не теряйте ваши айфоны.

В двадцать один ноль-ноль по московскому времени
Мы откроем вентили и пустим воду в тоннели.
Бог знает, как там всё сложится,
И какие можно с этим провести параллели.

Вот и всё, уважаемые граждане пассажиры.
Время пошло, через пару часов завоет сирена,
Машинисты облачатся в парадно-выходные мундиры,
Всего хорошего, с уважением, дирекция метрополитена.

* * *

Встаёт старик и говорит: «Отец,
Мой разум истончился наконец,
Я не пойму, где станция "Полянка",
Я позабыл, где скатерть-самобранка.

Или вот смысл слова балясина,
(Шуфлядка, вувузела, покатушки),
О нём не спросишь у своей старушки,
Она давно в беспамятства трясине.

О чём там на углу поёт шарманка,
И что такое замуж не любя,
И почему в машине руль — баранка,
И отчего мне по сердцу шкребят.

Или шкребут? И кошки иль еноты?..»
Но вот в плаще и драповом пальто
К нему подходят двое. «Помнишь, кто ты?»
Не помнит он. Он едет далеко.

Плоская земля

Дорогой друг, я пишу тебе это письмо,
Чтобы сообщить о том, что уверовал в плоскую землю,
Не волнуйся, я по-прежнему вижу своё отражение в трюмо,
Да, я был в плену заблуждений, но более их не приемлю.

Вот представь: тебя застопил усатый мент,
Его парит небольшая зарплата, а у тебя большие карманы,
И вот он просит тебя предъявить документ,
Порошок у него — это лучшая скрепа: сближает людей
                                        без обмана.

Ты бежишь от него, да и хер бы с ним, с паспортом этим,
Можно будет новый добыть, не такие вопросы решали,
А вот траектория бега — сейчас мы это отметим —
Вокруг Земли обернётся, и тут снова мент: «Ну что, гражданин,
                                        не ждали?»

И так со всем остальным, куда бы ты ни бежал,
Чего бы ты о себе ни думал, чего б ни хотел:
Земля кругла, как совиный глаз, безжалостна, как кинжал,
И ты ходишь по ней, избегая скоплений белковых тел.

Всё ты ходишь одною тропой, по кругу,
Ну а если земля плоска, то вот её край,
Ты садишься, болтаешь ногами, внизу под тобою — рай,
Ты берёшь карандаш и пишешь письмо далёкому другу.

* * *

Большой карьерный экскаватор
Шагал куда-то на восток,
Я смысл слов капучинатор,
Бариста, тендер и донатор
Постигнув, ехал в Белосток.

На станции стоял Петрушка,
А в небе плыли журавли,
Ржавели гаражи-ракушки,
Брели с авоськами старушки,
И к евро падали рубли.

Мы встали с Петей спозаранку
Под стройный гимн и пенье птиц,
Чтоб, запрягая жабу в лямку,
Презрев хромой судьбы обманку,
Купить девяточку яиц.

* * *

Слёзы, как душ Шарко,
Каплют мене на грудь,
А Молодого Шакро
Копы в кутузку ведуть.

Что ж натворил ты тут,
Ты ведь такой Молодой!
Слышишь, как душу рвут
Стоны и бабий вой?

Слышишь, как волк кричит,
Как овцы блеют окрест,
Как сердце в груди стучит,
Оплакивая арест.

Снова лихих девяностых
Слышится грозный рык,
Казалось, покрылись коростой,
Казалось, их стан поник.

Но снова зов ярой крови,
И снова густеет мгла,
И чьи-то чёрные брови
Топорщатся из-за угла.

Иди ж в каземат, Шакро,
Иди, пока Молодой,
И пусть тебе всё УГРО
Исполнит за упокой.

* * *

Кабы не были мы рыбы,
Мы бы...
Мы бы...
Мы бы...
Мы бы...

* * *

они все куда-то бегут
а ты просто be good

* * *

Дача ложных показаний,
Дом полученных под давлением признаний,
Особняк недоносительства,
Хозпостройка вредительства.
Миллионы квадратных метров нового жилья,
Растёт мой город, будет счастлива каждая семья.

Психоневрологическое кино

Ты пойдёшь рубить лес,
А увидишь лишь ГБУ ПНИ №3,
А увидишь лишь ГБУ ПНИ №18,
А увидишь лишь ГБУ «Бутурлинский ПНИ»,
А увидишь лишь ГАУ «Щелкунский ПНИ»,
А увидишь лишь АУСО РБ «Баргузинский ПНИ»,
А увидишь лишь КГБУСО «Партизанский ПНИ»,
А увидишь лишь Ветлужский ПНИ,
А увидишь лишь Жереховский ПНИ,
А увидишь лишь ПНИ «Прошково»,
А увидишь лишь пни.

Считалка любовно-криминальная

Уркаган, уркаган,
Да за поясом наган,
Urkagun, urkagun,
Да по имени Олег,
O, leg! O, leg!
Раз нога и два нога,
Во саду цветёт ирга,
А в метро стоит Оксана
На платформе Ногина.
Нету ног у Ногина,
Лишь чугунна голова,
Потому она чугунна,
Что хватил Ногин вина,
Там, у чугунной головы,
Олег, убитым будешь ты.
Ты забил стрелу Оксане,
В сердце у тебя стрела,
Только уркам враг Оксана,
Грянул выстрел: во дела!
Во гробе Олегу гнить,
Во тюрьме Оксане жить,
Прочим всем мёд-пиво пить,
Мне на том пиру кутить,
А тебе, дружок, водить.

* * *

У сомика домик,
У миноги менора,
У ряпушки подушки,
У осетра икра.

У леща подлещик,
У пеляди челядь,
У пескарика вискарик,
У вьюна жена юна.

У плотвички спички,
У подуста бочка дуста,
У чебачека собачка,
У чехони чайхана.

У всякой рыбки что-то есть;
И лишь у маленькой уклейки
Ни укулеле нет, ни лейки.

* * *

Роскомнадзор подал иск о блокировке Telegram,
Одновременно пользователям Telegram
Рекомендовано переходить на ICQ,
Но понятно, что это временная мера,
ICQ — это временная мера,
Старая добрая забытая аська,
Столбовая верста на пыльной дороге назад.
Идти будем глубже, туда, куда дует зейтгейст,
В старые добрые забытые времена,
Когда telegram наклеивались на листы бумаги,
У нас тут хорошо зпт солнце зпт купаемся тчк
Кормят нормально зпт люблю зпт целую тчк
И ещё дальше, сейчас мы попробуем
Написать письмо от руки,

....

....

....

Ох, почерк кривой, ничего не понятно,
Навык письма практически утерян,
Но мы идём дальше, и дальше,
Пробуем клинопись, бересту,
Что там ещё, глиняные таблички,
Болгарские и венгерские руны,
Послание Дарию от скифов
В виде птицы, мыши, лягушки и стрел,
А также вампум и кипу,
И вот мы под сводами тёмной пещеры,
На стенах пляшут блики огня,
Подходим к стене,
Там, среди рисунков людей и животных
Пытаемся сделать надпись
С политическим содержанием,
Потому что любое содержание
Рано или поздно может быть признано политическим.
Например, «Долой господство зимы»,
Или «Да здравствует революция пчёл»,
Или даже «Пусть всегда будет мама»,
Невинные, в сущности, вещи,
Но за последнюю надпись,
Точнее, за её репост на дровяном сарае,

Был поражён в правах и выслан из волости
Некто Тарасов А. В.
И вот мы стоим у стены
И хотим что-то там написать,
Но гаснет костёр,
То ли вдруг догорел,
То ли ветром задуло,
То ли спустили из соседней пещеры
Постановление о запрете
Надписей на стенах,
Не имеющих отношения к охоте
И прочим развлечениям древних людей.
И вот мы в кромешной темноте,
При полном отсутствии звуков,
Мыслей, надежд и стремлений,
Наедине с собой.
Наконец-то вернулись
К началу начал,
Пришли к основе основ,
Ну что сказать,
Да как-то ничего уже и не скажешь,
Как-то вот всё,
Просто всё.

Штырь

Пустырь. Стоит некто, похожий на штырь, в январе, с непокрытою головой, разговаривает сам с собой.

— Ну вот, Андрюха, стоим мы с тобой на пустом месте,
Хорошо хоть вдвоём стоим — так интересней.
— Да, Лёва, бывали дни иные, бывали грозы, закаты,
А сейчас, коли грязь подмёрзнет, — так мы и этому рады.

(К ним подходит Антоха).

— Привет, Антоха!
Ну как дела, неплохо?
— Скажу как есть, Лёва,
Дела мои обстоят фигово.
Сунулся я в метро,
А там трубу прорвало.
Плавают люди вдоль вагонов,
Мордой похожие на тритонов.
— Ну ладно, Антоха,
Ты в сторонке постой; погоди трохи.
А к нам, я смотрю, подходит Борис.
У Бориса живот отвис.

— Привет, Борис!
Отчего ты лицом раскис?
— Да мне, Андрюха,
Свело полбрюха.
В харчевне меня накормил скоромным
Официант со взглядом пустым и томным.

(Рыдает в жилетку Льву).

— Да ты погоди рыдать, Борис!
Видишь, на голову тебе упал карниз,
Не нужно стоять в проходах и под стрелой,
Живи, пока молодой!
А к нам, я вижу, идёт Димон,
У Димона вид, как будто он с похорон.

— Здорово, Димон!
Не твой ли гуляет в окрестностях стон?

— Привет, Андрюха!
Я грустен оттого, что врачи пришили мне третье ухо.
А шёл я к ним проверить зрение и мочу,
Теперь я есть, спать и жить после этого не хочу.
— Ну ладно тебе убиваться, Димон!
Ты сугроб разгреби и лягай на газон,
Там под снегом трава и цветочки,
Согреют твоё сердце и почки.
А к нам, я вижу, идёт Пётр,
У Петра под мышкой большой осётр.

— Привет, Пётр!
С каких морей приплыл к тебе осётр?
— А и не спрашивай у меня, Лёва!
Сам не знаю — подсунул его мне Вова.
Говорит: осётрьим рылом можно стенку сверлить,
А у меня ремонт — хочу им жену удивить!
— Какой ты, право, смешной, Петя!
Сам уж лыс, и вон у тебя взрослые дети,
А всё веришь в осетра, молишься унитазу,
Не лучше ли нам разбить вот эту вазу?

(Разбивает вазу. От этого звука просыпается дремавший Игнат).

— Да ты, я гляжу, проснулся, Игнат!
А я уж думал, ты на юг уехал, топтать виноград.
— Всё бы тебе языком молоть, пустомеля!
Получай за пазуху мохнатого шмеля.

(Лёва, известный также как Андрюха, прыгает в подъехавший автомобиль и скрывается из глаз. Шмель превращается в лодку с матросами и уплывает за горизонт).

Антоха, Борис, Игнат, Димон и Пётр хором:
— Жил у нас в деревне один Федот,
А может, и не жил, кто ж теперь разберёт.

(Уходят).

* * *

У нервного клерка
Нервная клетка
Хоп! — и не
Восстанавливается.
А у спокойного,
Уравновешенного,
С ясным взглядом,
Гладкой кожей,
Ладного клерка
Нервная клетка
Хоп! — и тоже
Не восстанавливается!
Уж таковские законы у природы,
Такова уж диалектика ея,
Хоть и нету у неё плохой погоды,
Жду с волнением наступления ноября.

* * *

Я б послушал «Цепеш мод»,
Заглянул бы в бездну вод
Трансильванского синт-попа,
Перешёл бы её вброд.

Пляшут девки на колах,
Бит хреначит в головах,
Сокрушая всё живое,
Но пора презреть свой страх.

Две головки чеснока,
Пули, твёрдая рука,
Жаль, карьера «Цепеш мода»
Столь ничтожно коротка!

* * *

Всё-таки что ни говори,
А на Мысе Доброй Надежды
Оказаться гораздо приятней,
Чем на Мысе Злого Валерия
Или Разъярённого Константина,
Или там Лютого Вячеслава,
Или, не дай бог, Лихого Андрея,
Или вот, не к ночи будь помянут,
Мыс Ехидного Тимофея,
Оказаться там — да ни в жизнь!
К чёрту все эти мысы:
Едкого Михаила,
Колкого Самуила,
Хмурого Александра,
Сердитого Ихтиандра,
Язвительного Бориса
И Ядовитого Криса.
Будем их огибать,
Это как при переходе дороги,
Смотришь сначала налево,
Затем направо,
И если всё норм
И нету машин,
Идешь куда шёл,
Вот так же и тут.

* * *

Она читала мир как роман,
А лучше бы как Марина,
Ну, или как Александр,
На худой конец, как Оксана,
Или как Павел,
Павел был лучший в классе
По скорочтенью;
Отлично прочитывал мир,
Например, Иннокентий.
Ведь этот мир придуман не нами,
Этот мир придуман не мной.
Она читала мир как роман,
А лучше б сама,
Теперь устала и мучит мигрень,
Сидит у окна
И думает:
«Эх, Ромка-роман,
Где ж ты теперь».

* * *

Нарушая непрерывность Тверского бульвара,
Снегом кидается некая пара,
И, улыбаясь друг другу, идут
Два кочегара,
Вокруг снуют
Проворные парни
Из Занзибара,
Царит уют.

Я выхожу подышать на мороз,
Вороны небо пятнают вокруг берёз,
Бежит игрушечная собачонка,
Задрав кверху нос,
Моя шапчонка,
Как бледно-розовый абрикос
В руке ребёнка,
Мороз.

* * *

Почему да почему,
Отчего, зачем и где,
Потому-то потому!
Там и тут, окрест, везде!

Тут и там, и завтра, впрочем,
Белый снег повсюду есть,
Он залез на мостовую,
Лёг на кровельную жесть.

Кто-то где-то с кем-то ходит,
Рядом, близко, далеко,
Кенгуру, собака, лошадь
Одеваются в пальто.

Много, мало, точно, сколько,
Да полгода всяко уж
Чертят лезвия по лужам,
Подо льдом не видно луж.

Во дворе, стуча лопатой,
Чешет дворник тротуар,
Я стою с открытым ртом,
Изо рта выходит пар.

Буду долго так стоять,
А потом пойду домой,
А потом пойду опять
Я на улицу гулять!

Про слонов и элефантов

Элефанты любят фанты,
А слоны — понты.
Элефанты элегантны,
А слоны жадны.
Элефанты сплошь ваганты,
А слоны менты.
Элефанты искромётны,
А слоны трудны.
Элефанты на пуантах,
А слоны в унтах.
Элефанты носят банты,
А слоны — кальсоны.
....
Элефанты в бриллиантах,
А слоны бедны.
Элефанты симулянты,
А слоны годны
(К службе строевой).
Элефант поет бельканто,
Слон же трубный вой
(Исторгает).
....
Элефанты эмигранты,
Ну а что слоны:
С депрессивного района
Злые пацаны.
Элефанты ездят в Анды,
А слоны — в Апсны.
....
Элефанты аксельбанты,
А слоны погоны.
Элефанты диверсанты,
А слоны шпионы.
Элефанты прецеденты,
А слоны основы.
Элефанты элементы,
А слоны протоны.

Вопрос:
Это значит, элефант скроен из слонов?

Ответ:
Да, и этот факт — одна из трёх основ
Мирозданья:
Внутри каждого слона элефант живёт
И наоборот,
И наоборот.

* * *

В доме девять по улице Всякого сброда
Отключили летом ту и другую воду.
Толя Вавилов, по прозвищу Вавилон,
Вышел во двор, ударил земной поклон.

Господи боженька, где же мне взять воды
И отчего же дни мои так трудны,
Как одолеть мне это проклятое лето,
Господи боженька, где ты?

В углу двора нашёлся февральский снег,
Кусок сугроба, переживший весеннюю вакханалию,
Про снег Вавилову рассказал соседский Олег,
Вавилов сказал: не вопрос, наливаю.

Толя Вавилов, по прозвищу Вавилон,
Снег растопил, умылся и вышел вон,
И вот уже у ворот зоопарка стоит,
А за воротами звери, имеют прекрасный вид.

Толя Вавилов, по прозвищу Вавилон,
Подходит к клетке и видит: слон
Попирает ногами земную твердь,
Красив он так, что хочется петь.

Он говорит слону: любезный товарищ слон,
Мне надоел этот длинный бездарный сон,
Сон, в котором я человек без свойств,
Отлучи меня от всяких земных расстройств,

Отлучи меня от земной печали,
О которой в детстве мне рассказать забыли,
От тоски, что живёт у меня в костях,
От чувства, что я в гостях.

Слон прядает ушами, трубит в свой нос,
Хорошо, человече, сейчас подсобим, не вопрос,
Обнимает Вавилова крепко, изо всех своих сил,
От вольера до неба, от Карелии до Курил.

И вот Толя Вавилов, по имени Вавилен,
Поднимается ввысь куда-то с ослабших колен,
С нездешней улыбкой, с чуть помятым лицом
Он ищет встречи с Отцом.

А над улицей Всякого сброда плывут облака,
И где-то кричат стрижи, и катит воды река,
И взгляд насмешлив и смел, и рука крепка,
И от судьбы к судьбе всего шаг или два шага.

* * *

Что-то странное случилось в этот летний день,
Надо мною посмеялись все кому не лень.
В магазине мне не дали две бутылки цинандали,
А в палатке у метро отказали мне в перно.
То ли выгляжу, как шкет, то ль лицом не вышел,
Что же делать, может быть, это знаки свыше?
У кого бы мне узнать? Позвонил Серёге.

Мне Серёга говорит:
Если плохо ты одет, не получишь мюскаде,
Пахнет от тебя котлетой, позабудь про орвието,
В общем, правила просты:
Если с другом вышел в путь, веселей дорога,
Можно весело бухнуть, выпить можно много!
Окна в верхних этажах, небо летнее в стрижах,
Кухня тесная, бухло — отступает зло.
С другом вам всегда дадут, и подскажут, и нальют.

Внял я этому совету, взял в подружки Свету,
Ходим с ней вдвоём в «Копейку», держим дома канарейку,
Потихоньку жизнь пошла, есть в ней место для бухла,
Для культуры и кино (рифма просится вино),
А ещё друзей у нас, что аж держим про запас.

Раз пошли мы с Аней, дали мукузани,
А в другой пошли с Полиной, дали бардолино,
И, конечно же, без Веры не было б мадеры,
А когда пошли со Стасом, налили пиваса,
А когда пришли с Павло, дали всё, что в рот текло!

Ох, и прав же ты, Серёга!
Без друзей во мне чуть-чуть,
А с друзьями много!

В небе полная луна, пей, пожалуйста, до дна,
В поле рыщет воробей, ну, давай, налей,
А когда придёт мой час, мой последний час,
Обращусь я к вам, друзья, попрошу я вас:
Поднимите за меня звонкие бокалы,
Пейте, ешьте и пляшите, к чёрту, ёлы-палы!

* * *

Страдает от похмелья сомелье
И снятся ему двадцать тысяч лье
Под кубиками льда,
В которые вода
В широтах северных
Умеет превращаться.

Волоколамск

Как из быстрых пузырьков
Да родился город вдруг,

Кока-кола,
Пепси-кола,
Херши-кола,
Ола-ола!
Да Москва,
Да Мск!

Как из ловких пузырьков
Да родился город вдруг,

Кока-кола,
Пепси-кола,
Воло-кола,
Ола-ола!
Да Москва,
Да Мск!

Воло-кола,
Воло-кола,
Да Москва,
Да Мск!

Воло-кола-мск,
Воло-кола-мск,

Волоколамск!

Песенка для Пети, который просыпается, просыпается, да никак не проснётся

Вдоль по шее букашка ползёт,
Прямо в ухо мне страшно орёт:
«Эй, будильник уже прозвенел!»
Ох, дела мои чёрны, как мел.

Повернулся на правый я бок,
А там зайчик такой скок-поскок!
Меня лапой по пяточкам бьёт,
Спать ушастый упырь не даёт!

Прилетало ко мне вороньё
И кричало: «Вставай, ё-моё!»
Приходил ко мне старый жираф,
«Просыпайтесь, — настаивал, — граф!»

Приходил ко мне розовый слон,
Притворялся коняшкою он,
«Нанесу, — говорил, — вам урон»,
И копытом стучал в телефон.

И являлся ко мне бегемот,
И зевал так, что лопался рот,
Говорил: «Вот дурацкий народ,
Он решил, что я ласковый кот!»

Прибегал ко мне серый волчок
И зубами хватал за бочок,
Говорил: «Что-то пресно опять,
Пожалели вы соль добавлять!»

Приплывал ко мне старый матрос
И прищепку цеплял мне на нос,
Вслед за ним приплывал крокодил,
Глаз открыть он меня убедил.

С бутербродом и гренкой в руках
Наконец ко мне папа пришёл,
И развеялся сон, будто прах,
Я проснулся и в школу пошёл.

СОДЕРЖАНИЕ

«Поезд шел по снегу...»... 5

«Собака с ловким гибким телом...».................................... 6

«Теплокровный...» 7

Из всех орудий 8

«Так бывает, что в субботу или, может быть, в четверг...»..... 9

Колыбельная отца, вернувшегося ночью из гаража 10

Нью-Йорк 12

«Аббас говорит коллеге...».. 15

«Ночное небо бороздят спутники...» 17

«Однажды мудрая сова...» 19

«Когда глотаю апероль...».. 20

«Идёт мужик, качается...».. 21

«Не такой я человек...».. 22

«После смерти ты мертвец...»... 23

«Когда Россию покинет последний болельщик...» 24

«Есть районы, где звёзд нет вообще...»............................... 25

Объявление в метро 26

«Встаёт старик и говорит: "Отец..."» 28

Плоская земля 29

«Большой карьерный экскаватор...».................................. 30

«Слёзы, как душ Шарко...» 31

«Кабы не были мы рыбы...» 32

«они все куда-то бегут...».. 33

«Дача ложных показаний...» 34

Психоневрологическое кино 35

Считалка любовно-криминальная 36

«У сомика домик...».. 37

«Роскомнадзор подал иск о блокировке Telegram...» 38

Штырь 40

«У нервного клерка...» 42

«Я б послушал "Цепеш мод"...».. 43

«Всё-таки что ни говори...» 44

«Она читала мир как роман...».. 45

«Нарушая непрерывность Тверского бульвара...» 46

«Почему да почему...».. 47

«Про слонов и элефантов...».. 48

«В доме девять по улице Всякого сброда...».....................50

«Что-то странное случилось в этот летний день...» 52

«Страдает от похмелья сомелье...».. 53

Волоколамск.. 54

Песенка для Пети... 55